# Kalligrafie

## UND

# Lettering

## SCHÖN SCHREIBEN MIT FEDER, STIFT UND PINSEL

Bassermann

SBN: 978-3-8094-3984-4

2 . Auflage 2020
© 2019 by Bassermann Verlag, einem Unternehmen der Verlagsgruppe Random House
GmbH, Neumarkter Str. 28, 81673 München

Projektleitung: Dr. Iris Hahner
Konzept, Gesamtgestaltung: Norbert Pautner, Berlin
Herstellung: Elke Cramer

Verlagsgruppe Random House FSC® N001967

Druck und Bindung: DZS Grafik d.o.o., Ljubljana
Printed in Slovenia

# Inhaltsverzeichnis

# Einleitung

Die Grenzen zwischen Kalligrafie und Lettering sind mittlerweile immer unschärfer geworden: Es ist manchmal schwer zu sagen, ob ein interessantes Schriftbild noch ein Lettering oder schon eine Kalligrafie ist. Oder handelt es sich einfach nur um eine besonders schöne Handschrift? Und was ist eigentlich Typografie?

Der Reihe nach: Typografie gestaltet Schrift mit bereits vorhandenen Buchstaben, hat für uns, die wir jeden Buchstaben einzeln schreiben oder zeichnen, keine unmittelbare Bedeutung. Lettering bezeichnete ursprünglich das Zeichnen und Malen von Schrift, ist inzwischen aber zu einem Oberbegriff für schön gestaltete Schriftbilder geworden. Und da ergeben sich eine Menge Überschneidungen mit der Kalligrafie – denn auch dieser Begriff steht für das Gestalten von vorwiegend künstlerischen Bildern aus Schrift, aber auch für die Gestaltung längerer Texte in einer optisch gefälligen Form. Und eine schöne Handschrift bekommt, wer sich viel mit Lettering und Kalligrafie beschäftigt.

Hier kommt nun dieses Buch ins Spiel. Auf 80 Seiten alle Aspekte der Kalligrafie (und des Letterings) zu besprechen, geht natürlich nicht. Damit der praktische Nutzen möglichst groß ist, habe ich im Buch zwölf Alphabete versammelt, mit denen man zu den unterschiedlichsten Anlässen schöne Schrift gestalten kann. Ich habe versucht, die Auswahl möglichst ausgewogen zu gestalten. So sind ein paar meiner Lieblingsschriften nicht dabei, die oft nicht dem Zeitgeschmack entsprechen oder aber nicht wirklich vielseitig einsetzbar sind. Dafür stelle ich auch Schriften vor, die ich selbst nicht besonders häufig schreibe, mit denen man aber viel anfangen kann (wie beispielsweise die Anglaise auf Seite 34, die noch etwas präziser hätte geschrieben werden können).

## Der Aufbau des Buches

Die Schriften, die im Buch vorgestellt werden, sind so angeordnet, dass sie sich „entwickeln", quasi aufeinander aufbauen. So könnten Sie zum Beispiel das Buch systematisch durcharbeiten. Wer lange nicht mehr „richtig" (also verbunden) mit der Hand geschrieben hat, beginnt auf Seite 12; wer schon etwas Übung hat, später. Selbstverständlich dürfen Sie auch hin- und herspringen, sich also die Schriften heraussuchen, die Ihnen am besten gefallen – und dann einfach drauflosüben.

Jede Schrift wird mit einem kurzen Beispieltext präsentiert, dem das eigentliche Alphabet gegenübersteht. Damit das mit dem Üben auch gut klappt, hat das Buch auch jede Menge Übungsseiten, auf denen noch einmal die Buchstaben des entsprechenden Alphabets abgebildet sind (so muss man nicht umständlich hin- und herblättern und kann auch mal ein Zeichen einfach nachfahren).

Weil Sie aber noch lange nicht genug geübt haben, wenn der begrenzte Platz des Buches vollgeschrieben ist, gibt es die Rasterlinien auch als PDF zum Download. Unter folgendem Link steht die entsprechende Datei zur Verfügung: **www.bassermann-verlag.de/kalligrafie**.

## Schreiben mit der Hand

Die Schriften in diesem Buch sind für längere Texte ausgelegt. Es macht also wenig Sinn, die Buchstaben einen nach dem anderen abzumalen, gerade so, wie man sie braucht. Sie sollten sich eine Schrift also erst einmal „draufschaffen", bevor Sie etwas Größeres damit gestalten, d. h. so lange üben, bis sich die einzelnen Buchstabenformen einigermaßen in das Muskelgedächtnis Ihrer Hand eingeschrieben haben.

Dabei spielt es erst einmal keine Rolle, womit Sie üben. Die Übungsseiten funktionieren genauso gut, wenn Sie die Buchstabenformen erst einmal mit einem weichen Bleistift nachfahren und erlernen.

Damit Sie mich besser verstehen, nenne ich kurz ein paar wenige Fachbegriffe: Versalien sind nichts anderes als Großbuchstaben, die Versalhöhe ist demnach die Höhe eines Großbuchstabens. Gemessen wird von der Grundlinie aus, also der Linie, auf der die Buchstaben stehen. Die durchschnittliche Höhe der Kleinbuchstaben ist die x-Höhe (auch: Mittelhöhe). Was oben bzw. unten darüber hinausragt, nennt man dann Ober- bzw. Unterlänge.

Ansonsten wird von Schlaufen, An-, Auf- und Abstrichen die Rede sein, wenn Formen beschrieben werden – alles Begriffe, die sich quasi von selbst erklären.

# Buchstabenformen

Jeder Mensch hat seine eigene Handschrift und die hat viel damit zu tun, welche Buchstabenformen er wo und wann zuerst erlernt hat. Dann wird es irgendwann immer wichtiger, vor allem schnell zu schreiben und da findet jeder seine „Abkürzungen" und Vereinfachungen. So haben Sie im Laufe der Zeit Ihre eigenen Buchstabenformen erworben, die ganz allein Ihnen gehören. Mit denen können Sie aber aller Wahrscheinlichkeit nach nicht viel anfangen, wenn es ums Schönschreiben geht.

Beim Blättern im Buch werden Sie feststellen, dass jede Schrift ihr eigenes a, e oder s hat. Die Form und die Technik, wie sie zu Papier gebracht wird, machen den Charakter einer Schrift aus. Dennoch habe ich bei manchen Schriften zwei Versionen bestimmter Buchstaben in die Alphabete eingebaut, vor allem beim kleinen r und z, denn diese beiden unterscheiden sich sozusagen regional. Andere Alternativbuchstaben haben sich aus eher ästhetischen Gründen hinzugesellt.

Die Kleinbuchstaben r und z unterscheiden sich, da sie unterschiedlichen Varianten einer Ausgangsschrift entstammen, wie sie in der Schule gelehrt wurden. Bei p und b handelt es sich um geschmackliche Varianten. Auch die Formen von A, M und N können sich je nach erlernter Ausgangsschrift voneinander unterscheiden.

In kalligrafischen Schriften stehen die einzelnen Buchstaben oft enger zusammen als in unserer erlernten Ausgangsschrift. Das erfordert bei allen Buchstaben, die eine nach oben zeigende Schlaufe haben (e, f, h, k, l, ß), eine Richtungsänderung im Anstrich. Durch den geringeren Abstand erreicht der Anstrich den Stamm des Buchstabens in einem steilen Winkel. Würde die Schlaufe mit diesem Winkel geschrieben, würde sie sehr flach ausfallen und damit unschön. Darum ändert man einfach den Winkel dort, wo der Anstrich auf den Stamm trifft, so bleibt genügend Raum für eine schöne, bauchige Schlaufe.

Beispiele für eine durchgehende Schlaufe und eine Schlaufe mit Richtungsänderung am Stamm.

# Material

Kennen Sie das? Man redet über sein Hobby und ist ganz schnell beim Fachsimpeln über Material und Hersteller. Oder man steht in einem Fachgeschäft mit einem überaus umfangreichen Angebot und möchte einfach alles haben, haben, haben. Mir geht das natürlich auch so, aber jetzt müssen wir ganz tapfer sein: Das Material ist erst einmal egal.

Zunächst gibt es nicht das eine Material für die Kalligrafie: Man kann mit Blei- und Filzstiften, Federn, Pinseln, Stöcken, Latten, Fingern und was einem sonst noch einfällt, künstlerisch schön schreiben (beim Lettering sieht das etwas anders aus, da hat sich ein modischer Trend zum Pinselstift ergeben).

Außerdem spielt das Material erst so richtig eine Rolle, wenn Sie schon einigermaßen schwungvoll, flüssig und ohne viele nachzudenken verbunden schreiben können.

Aber dann geht es los mit den Fragen. Zuerst einmal: Welches Papier? Zum Üben genügt ganz normales Kopierpapier. Für „richtige" Bilder mit Feder und Pinsel sollte das Papier aber nicht zu rau sein, also eher Layout- als Kopierpapier. Layoutpapier hat zudem den Vorzug, dass die Striche nicht „ausbluten", d. h. dass die Ränder der Striche möglichst glatt bleiben und nicht beim Eindringen der Tinte ins Papier ausfransen. Außerdem ist es relativ dünn, es eignet sich also auch zum Durchpausen einer Skizze, auf der Sie Ihr Bild entworfen haben.

Die nächste Frage: Tinte oder Tusche? Ich persönlich bevorzuge Tinte. Die ist zwar nicht so tiefschwarz wie Tusche, läuft aber für mich etwas leichter aus der Feder und vom Pinsel. Das mag aber für Sie genau der Grund sein, warum Sie besser mit Tusche zurechtkommen. Es hilft nur, Tinten und Tuschen (z. B. Scriptol) auszuprobieren und zu vergleichen, damit Sie Ihren persönlichen Favoriten finden. Mein Favorit ist übrigens die Quink-Tinte im Glas von Parker. Was hauptsächlich daran liegt, dass die Öffnung groß genug ist, dass ich meinen „schrägen" Federhalter problemlos eintauchen kann.

Jetzt sind wir auch schon bei den Federn. Grob unterschieden wird zwischen Spitzfedern und Breitfedern. Bei den Spitzfedern gibt es eine kaum zu überblickende Vielfalt verschiedener Formen. Hinzu kommt, dass die Federn unterschiedlich elastisch sind, d. h. dass sie unterschiedlich auf Druck reagieren.

Obwohl ich im Laufe der Zeit immer wieder verschiedene Federn ausprobiert habe, ist seit langer Zeit die Brause Stenofeder No. 361 mein absoluter Liebling, sowohl zum Schreiben als auch zum Zeichnen. Sie hat einfach die für meine Gewohnheiten passende Elastizität. Ob das auch für Sie die richtige Feder ist, kann ich nicht sagen. Auch hier hilft es wahrscheinlich nur, mehrere Federn anzutesten.

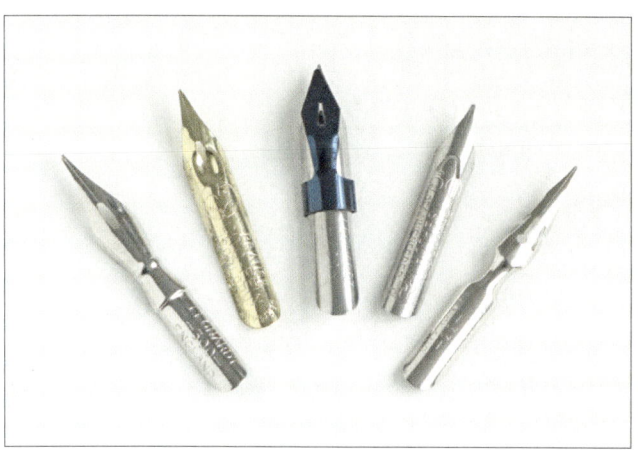

Spitzfedern gibt es in verschiedenen Ausführungen, dabei unterscheiden sie sich in Material und Form, was sich auf die Elastizität der Feder auswirkt.

Eine besondere Form hat die Ellenbogenfeder. Mit ihr erzielt man den besonderen Schreibwinkel, den man z .B. für die Anglaise braucht (s. Seite 34). Der gleiche Winkel lässt sich mit einem „schrägen" Federhalter (links) erreichen.

Bei den Breit- oder Bandzugfedern genügt mir meist eine 1 mm breite Feder, mit der sich schöne Handschriften schreiben lassen. Da aber breite Striche zwangsläufig mehr Tinte verbrauchen als dünne, besitzen die allermeisten Breitfedern ein kleines Reservoir in Form eines angeklammerten Metallplättchens.

Aus Gründen der Bequemlichkeit verwende ich für das meiste, was mit einer Breitfeder geschrieben wird, einen sogenannten Kalligrafiefüller. Diese haben meist Wechselspitzen, sodass man unterschiedliche Breiten wählen kann. Hat Ihr Kalligrafiefüller mal auf absehbare Zeit Pause, sollten Sie ihn vorher mit klarem Wasser reinigen und die angebrochene Tintenpatrone entfernen, da er sonst beim Wiedereinsatz nicht mehr wie gewohnt funktionieren könnte, da er dann eventuell verklebt ist.

Wenn es schon Kalligrafiefüller gibt – was ist eigentlich mit „normalen" Füllfederhaltern? Auch ein solcher eignet sich natürlich gut zum kalligrafischen Schreiben. Allerdings nur mit Vorsicht: Zu viel Druck verträgt keine Füllerfeder gut, Sie müssten also auf einiges an Dynamik verzichten. Eine Anglaise mit ihren ausgeprägten Senkrechten und feinen Verbindungslinien ist mit einem Füller kaum zu schreiben.

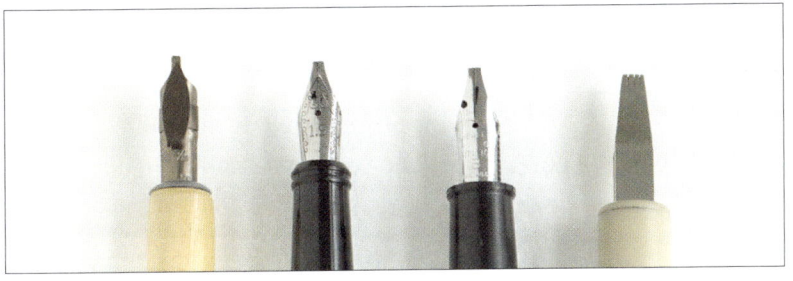

Links: eine Breitfeder (1 mm) mit einem Tintenreservoir auf der Feder. Mitte: zwei Kalligrafiefüller. Die Feder des linken Füllers hat abgerundete Ecken und gleitet daher etwas leichter übers Papier. Dafür haben die Striche des rechten Füllers schärfere Konturen und eine gleichmäßigere Strichbreite. Rechts: eine Automatikfeder, mit der man leicht und flüssig schreiben kann.

Eine schöne kalligrafische Wirkung wie mit einer Breitfeder erzielt man auch mit entsprechenden Schönschreib-Markern – oder mit einem einfachen Zimmermannsbleistift aus dem Baumarkt.

Der Füllfederhalter ganz links ist ein echter Schatz, mit dem ich sehr vorsichtig bin. Die beiden Füller daneben haben nur ein paar Euro gekostet, entsprechend mutig gehe ich auch mit ihnen um. Wenn Sie genau hinsehen, können Sie erkennen, wie sehr ich die Feder ganz rechts schon gequält habe.

Bei den Schreibgeräten blieben jetzt noch die Pinsel zu erwähnen. Und damit auch die Pinselstifte, die wir alle so gern verwenden. Wenn ich aber dennoch einen echten Pinsel verwende, dann meist einen chinesischen, da dessen Spitze besonders pointiert ist. Bei den Pinselstiften kommt man natürlich nicht um Tombow und Co. herum. Der „Pinsel" besteht dabei nicht aus einzelnen Haaren, sondern es handelt sich eher um einen in Form gebrachter Filzstift. Anders bei den Pinselstiften von Pentel: Hier wird die Tusche wie bei einem Füller in die Spitze geführt und man schreibt mit einer Spitze aus Kunststoffhaaren.

Links: drei praktische Pinselstifte (von Pitt, Lyra und Tombow)
Mitte: nachfüllbare Pinselstifte von Pentel in zwei Größen
Rechts: ein einfacher chinesischer Schreibpinsel

# Technik, Tipps und Tricks

Jeder weiß, wie man einen Stift anfasst und damit schreibt, das haben wir alle in der Schule gelernt. Trotzdem gibt es noch etwas anzumerken.

 Finden Sie eine Feder, bei der Sie nicht zu kräftig aufdrücken müssen, um unterschiedliche Strichbreiten zu erzielen. Einerseits tut das Ihrer Hand nicht gut, andererseits wird der Strich dadurch schwer kontrollierbar, besonders wenn die Schreibrichtung einmal gegen den Strich führt. Zu viel Druck kann schnell zum Abreißen des Strichs oder zu ungewollten Klecksen führen.

 Gewinnen Sie ein Gefühl für die richtige Menge Tinte, die Sie aufnehmen. Wenn Sie die Feder zu oft am Rand des Glases abstreifen, bleibt kaum etwas in der Feder, tun Sie es nicht, beginnen Sie jeden ersten Strich mit einem Klecks. Ein Trick um vorsichtig viel Tinte in die Feder zu bringen: Füllen Sie die Feder von hinten mit einem Pinsel auf.

Verwenden Sie ein Tintenglas mit einer ausreichend großen Öffnung, sodass Sie auch aus einem halbleeren Glas noch genügend Tinte herausbekommen.

Eine Schreibfeder lässt sich auch mit einem Pinsel vorsichtig von der Rückseite her „betanken".

 Legen Sie sich ein Blatt Papier neben oder unter das Tintenglas, auf dem Sie nach dem Eintauchen einen kurzen Punkt oder Strich machen. Damit können Sie kontrollieren, wie viel Tinte aufgenommen wurde, bevor Sie weiterschreiben. Auch unter Ihrer Schreibhand macht sich ein Blatt Papier ganz gut: Es verhindert nämlich, dass Fett und Feuchtigkeit der Haut aufs Schreibpapier kommen. Dort könnte die Tinte später unter Umständen nicht mehr gut anhaften.

Das Papier sollte immer gut angedrückt sein, wenn Sie mit der Feder schreiben, sonst kann es passieren, dass Sie mit der Feder ins Papier hineinstechen. Um dabei Fingerabdrücke zu vermeiden, können Sie mit der Radiergummirückseite eines Bleistifts das Papier immer punktgenau dort andrücken, wo Sie gerade schreiben.

 Beim Schreiben mit einem Pinsel oder Pinselstift kommt es vor allem auf den Winkel an, in dem Sie den Pinsel zum Papier halten. Eine mehr senkrechte Haltung des Pinsels macht es einfacher, gleichmäßig feine Linien zu ziehen; eine flachere Haltung erlaubt breitere (senkrechte) Linien. Üben Sie, in einem Strich die Aufschwünge in senkrechter und die Abschwünge in einer eher flachen Haltung zu machen.

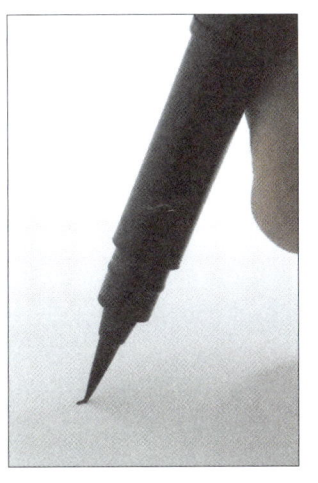 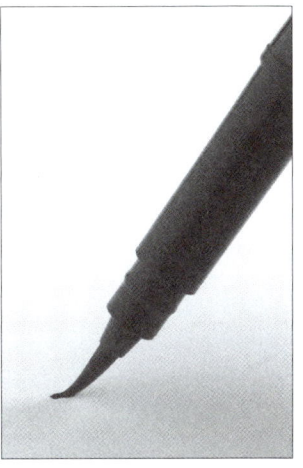

 Zum Arbeitsplatz gehören natürlich auch Papiertücher um überflüssige Tinte aufzunehmen. Achten Sie darauf, dass sich in der Federspitze keine Papierfusseln einklemmen, die schreiben dann nämlich mit. Und vielleicht hilft auch noch etwas Löschpapier. Dabei müssen Sie aber vorsichtig sein, sonst ruinieren Sie Ihre Kalligrafie in allerletzter Minute durch ungeduldiges Ablöschen.

 Noch ein praktischer Tipp: Schneiden Sie aus einem (unbenutzten) Spülschwamm kleine Stücke heraus und bohren Sie ein Loch in die Mitte. So basteln Sie einen Rollstopp für Ihre Federn, Stifte und Pinsel und ersparen sich das viele Suchen unterm Schreibtisch.

# Verbunden schreiben

*Der Mensch, durchtrieben und gescheit,*

*bemerkte schon zu alter Zeit,*

*dass ihm hienieden allerlei*

*verdrießlich und zuwider sei.*

Wilhelm Busch

Wahrscheinlich haben Sie – wie die meisten – zum letzten Mal in der sechsten Klasse verbunden, d. h. ohne abzusetzen, geschrieben. Unser erster Schritt zum flüssigen kalligrafischen Schreiben ist darum diese einfache verbundene Schrift.

Setzen Sie die Varianten für b, f, r, s, und z (sowie bei E und L) nicht unbedingt analog zu Ihrer eigenen Handschrift ein, sondern üben Sie ruhig die für Sie ungewohnten Formen.

Üben Sie auch bei der verbundenen Schrift konsequent ein kleines e, das nicht nur eine einfache Schlaufe ist.

Auch wenn Sie verbunden schreiben, gibt es Stellen, an denen keine echte Verbindung möglich ist oder eine Unterbrechung einfach besser aussieht. Das ist vor allem nach Versalien wie O, P oder V der Fall, wenn dort überflüssige Striche entstehen.

Verbindungen zwischen Kleinbuchstaben wegzulassen kann manchmal ein interessanteres Wortbild entstehen lassen; vor allem, wenn Sie die Buchstaben ausschwingen lassen.

a b b c c d e f f g h i j

k l ll m mm n o p q qu

r u uu er ſ s ß t tt st u

v w x y z ʒ minimum

Aa At Ar Ba Br Bl Ca Ch

De Dr Du Eu Ei Ec El Fr Fi Fa

Ge Gr Gu Hi Ho Ir K Ja

La Lo Le Li Kr Ku Ma

Na Ne Os Ot Pi Pe Pr Qu

Ra Ro Se St Sch Ta Tch

Un Uh Vi Ve Wo Xa Yp Zo

*llll*

*mmm*

*minimum minimum*

*ffff*

*cecece*

*adgadg*

*fjlyfjly*

*kbhkbh*

*ororor*          *ererer*

*qutpqutp*

aßaßaß

u u     u u u u

ll ll     tt tt

ast ast     sta sta

esse esse     si sa so

v v     w w

Ei Ei     Ba Ba

Sch Sch     Ku Ku

Dr Dr     An An

Li Li     Ge Ge

Un Un     Qu Qu

# Einfache Korrespondenzschrift

*Schläft ein Lied in allen Dingen,*

*die da träumen fort und fort,*

*und die Welt hebt an zu singen,*

*triffst du nur das Zauberwort.*

Joseph von Eichendorff

Ein Gästebucheintrag, eine Glückwunschkarte oder auch ein Gruß per Schneckenpost – diese einfache Korrespondenzschrift lässt sich flüssig schreiben und verzeiht auch kleinere „Fehler", falls Ihnen mal Buchstaben aus Ihrer eigenen Handschrift in die Wörter geraten sollten.

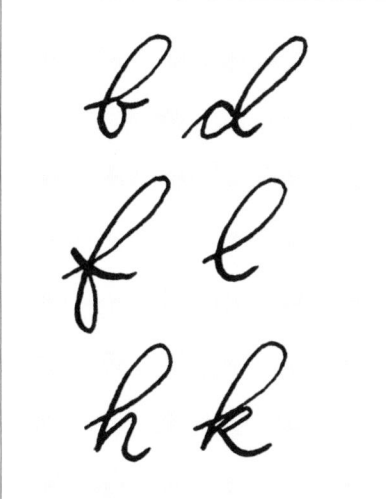

Die einfache Korrespondenzschrift lässt sich flüssig und ohne viel Druck mit einem Füllfederhalter schreiben. Die Dynamik der Schrift hängt davon ab, wie elastisch die Feder ist.

Die Oberlängen der Kleinbuchstaben b, d, f, h, k, l sind nur einfache Schlaufen, die sich aus der Fortführung des ansetzenden Strichs ergeben.

Nur wenige Buchstaben ragen mit Schlaufen über die x-Höhe und/oder mit Ausschwüngen unter die Grundlinie hinaus.

A B C D E F G H

I J K L M N O P

Q R S T U V W X

Y Z Ä Ö Ü a b c d

e f g h i j k l m n

o p q r s t u v w x

y z z ä ö ü ß 1 2 3

4 5 6 7 8 9 0 & ! ?

llll

eeee

cccc

aaaaa

ddddd

ggggg

yyyyy

ijijij

fffff

ississ

zzzzz

bbbbbb

hkhkhk

ßßßßß

mmmmm

uuuuuu

m m

n n

u u

mm mm                              nn

ooooo

vwvwvw

r r                              rr rr

t t                              tt tt

N N N

O O O

P P P

Q Q Q

R R R

S S S

T T T

U U U

V V V

W W W

X X X

Y Y Y

Z Z Z

# Weite Korrespondenzschrift

*Auf dem Teich, dem regungslosen,*

*weint des Mondes holder Glanz*

*flechtend seine bleichen Rosen*

*in des Schilfes grünen Kranz.*

Nikolaus Lenau

Falls Sie einen sogenannten Kalligrafiefüller mit einer Breitfeder besitzen (so etwas heißt im Handel meist „Calligraphy Pen", „Art Pen" oder ähnlich), können Sie ganz einfach eine elegante Korrespondenzschrift erlernen. Sie gewinnt ihren Charme aus dem Kontrast von kurzen, starken, senkrechten Strichen zu den weiten Abständen zwischen den Buchstaben.

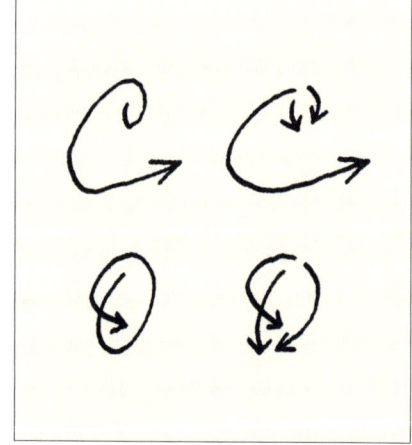

Üben Sie zunächst die Abstände der Senkrechten voneinander: innerhalb eines Buchstabens und zwischen den Buchstaben. Den richtigen Rhythmus beherrschen Sie dann bald automatisch.

Je nachdem, wie leicht oder schwer Ihr Füller über das Papier gleitet (wenig Druck ausüben!), sollten Sie bei Bedarf manche Versalien aus Strichen mit wechselnder Richtung zusammensetzen.

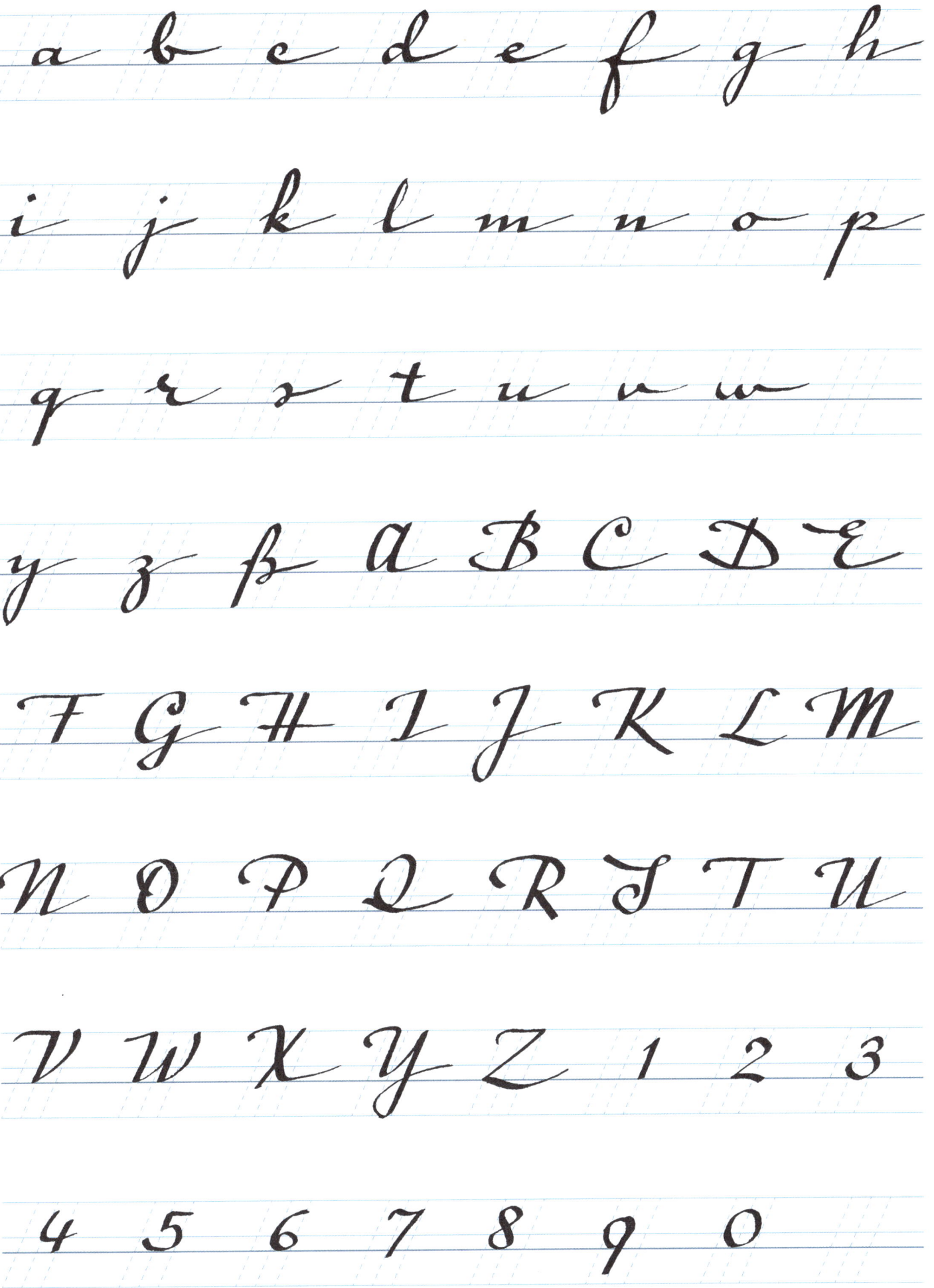

a b c d e f g h

i j k l m n o p

q r s t u v w

y z ß A B C D E

F G H I J K L M

N O P Q R S T U

V W X Y Z 1 2 3

4 5 6 7 8 9 0

23

nnnn

uuuuu

mmmm

iiiiii

llllll

ihihih

fghfgh

rrrrr

jjjjjj

ooooo

eeeee

eeeee

aaaaa

ggggg

ddddd

bbbbb

hkhkhk

fffff

yzyzyz

pqpqpq

ttttt

rrrrr

mmmmm

ßßßßß

$\mathcal{B}$ $\mathcal{B}$

$\mathcal{D}$ $\mathcal{D}$

$a$ $a$

$\mathcal{E}$ $\mathcal{E}$

$\mathcal{J}$ $\mathcal{J}$

$\mathcal{H}$ $\mathcal{H}$

$\mathcal{K}$ $\mathcal{K}$

$\mathcal{V}$ $\mathcal{V}$

$\mathcal{W}$ $\mathcal{W}$

$c$ $c$

$\mathcal{G}$ $\mathcal{G}$

$\mathcal{O}$ $\mathcal{O}$ $\mathcal{O}$ $\mathcal{O}$

$\mathcal{M}$ $\mathcal{M}$

$\mathcal{N}$ $\mathcal{N}$

$\mathcal{U}$ $\mathcal{U}$

$\mathcal{Y}$ $\mathcal{Y}$

$\mathcal{F}$ $\mathcal{F}$

$\mathcal{T}$ $\mathcal{T}$

$\mathcal{L}$ $\mathcal{L}$

$\mathcal{J}$ $\mathcal{J}$

$\mathcal{P}$ $\mathcal{P}$

$\mathcal{R}$ $\mathcal{R}$

$\mathcal{L}$ $\mathcal{L}$

$\mathcal{Z}$ $\mathcal{Z}$    $\mathcal{X}$ $\mathcal{X}$

# Schreiben mit der Spitzfeder

*Ans Haff nun fliegt die Möwe,*

*und Dämmrung bricht herein,*

*über die feuchten Watten*

*spiegelt der Abendschein.*

Theodor Storm

Die ersten drei Schriften ließen sich mit Stift und (Kalligrafie-) Füller schnell und flüssig schreiben. Die Spitzfeder kann sperriger sein: Das Papier leistet eventuell etwas mehr Widerstand, die Feder muss zum „Nachtanken" abgesetzt werden. Doch mit ihren großzügigen Abständen und einfachen Formen ist diese Schrift für den Einstieg gut geeignet.

Die Oberlängen können als einfache Schlaufen geschrieben werden, da der Abstand zwischen den Buchstaben groß genug ist.

Bis auf r und s liegen alle Kleinbuchstaben ohne Ober- oder Unterlänge ziemlich genau zwischen Grundlinie und x-Höhe. Die Buchstaben j, p und q haben eine kürzere Unterlänge als f, g, y, z und ß. Nach oben hin weist nur das t eine kürzere Oberlänge auf.

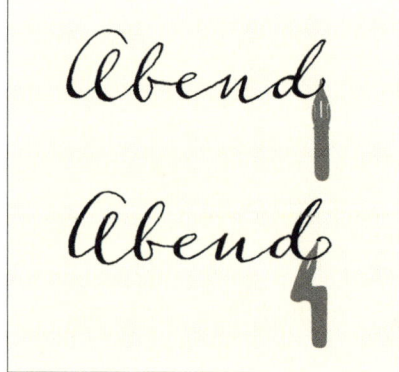

Schreiben Sie mit einer Spitzfeder , verlagern sich die kräftigen Striche nach unten links. Verwenden Sie eine Ellenbogenfeder oder einen „schrägen" Federhalter, werden die senkrechten Linien gleichmäßiger.

a b c d e f g h i

j k l m n o p q

r s t u v w x

y z ä ö ü ß

A B C D E F G

H I J K L M

N O P Q R S T

U V W X Y Z

1 2 3 4 5 6 7 8 9 0

llllll

eeeee

aaaaa

ddddd

gygygy

ijijij

tztztz

sssss

bfbfbfbf

hkhkhk

βββββ

mmmmm

nnnnn

uuuuu

minimum

ororor

vwvwow

rrrerrerr

ttttttt

B B

D D

A A

E E

S S

K K          K K

V V          W W

C C

G G

O O          Q Q

$\mathcal{M}\,\mathcal{M}$

$\mathcal{N}\,\mathcal{N}$

$\mathcal{U}\,\mathcal{U}$        $\mathcal{Y}\,\mathcal{Y}$

$\mathcal{F}\,\mathcal{F}$

$\mathcal{T}\,\mathcal{T}$

$\mathcal{I}\,\mathcal{I}$        $\mathcal{J}\,\mathcal{J}$

$\mathcal{P}\,\mathcal{P}$

$\mathcal{R}\,\mathcal{R}$

$\mathcal{Q}\,\mathcal{Q}$

$\mathcal{Z}\,\mathcal{Z}$        $\mathcal{X}\,\mathcal{X}$

# Englische Schreibschrift

> *Ich ging im Walde*
>
> *so für mich hin,*
>
> *und nichts zu suchen,*
>
> *das war mein Sinn.*

Johann Wolfgang von Goethe

Die Englische Schreibschrift, oft auch Anglaise oder Copperplate genannt, erfordert viel Zeit und Mühe, bis man sie beherrscht. Auch wenn sie auf den ersten Blick wie eine einfache Schulschrift aussieht, ist sie eher so etwas wie ein Meisterstück. Um das charakteristische Bild, die Wechsel zwischen starken senkrechten und feinen waagerechten Linien ausgewogen hinzubekommen, sollte man eine Ellenbogenfeder oder einen „schrägen" Federhalter verwenden.
Eine ganz ähnliche Schreibschrift wird übrigens Spencerian oder Roundhand genannt, diese ist aber vielleicht noch schwieriger zu beherrschen.

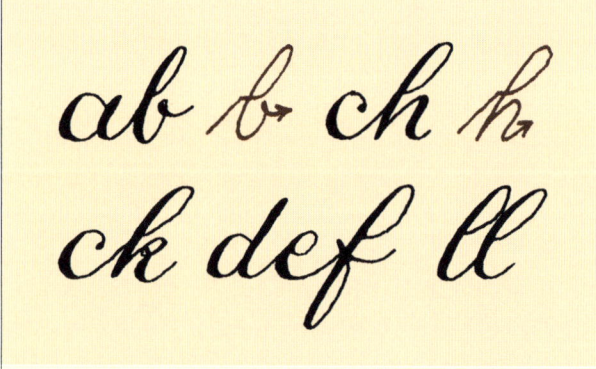

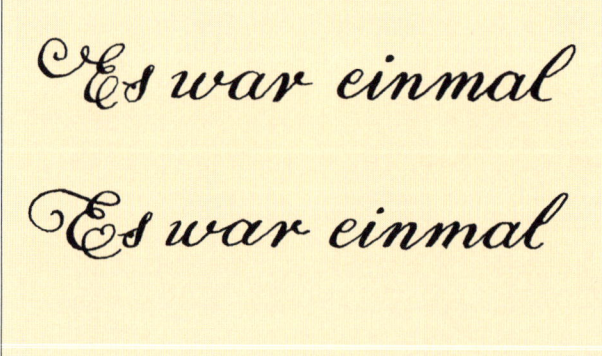

Da die Buchstaben recht eng nebeneinanderstehen, bedarf es bei den Schlaufen der Oberlängen einer leichten Richtungskorrektur: Der Strich geht relativ steil bis zum Stamm, wird dann aber zur Schlaufe hin etwas „weicher" weitergeführt.

Für Textanfänge oder zur Auszeichnung von Namen etc. lassen sich die etwas verschnörkelteren Versalien einsetzen, die im unteren Bereich der rechten Seite abgebildet sind. Es sind aber nur Beispiele: Sie können natürlich auch ganz eigene Schnörkel erfinden.

35

llllll

lllll

fffff

fffff

plplpl

mnmnmn

uiuiui

nununu

cecece

adagadag

a a          b b

c c          d d

e e          f f

g g          h h

i i          j j

k k          l l

m m          n n

o o          p p

q q          r r

s s          t t

u u                     v v

w w                   x x

y y                     z z

minimum

ackack

schsch

vorvor

issississ

ersterst

aßaßaß

K K      K K

L L      L L

M M      M M

N N      N N

O O      O O

P P      P P

Q Q      Q Q

R R      R R

S S      S S

T T      T T

$\mathcal{U}\ \mathcal{U}$        $\mathcal{U}\ \mathcal{U}$

$\mathcal{V}\ \mathcal{V}$        $\mathcal{V}\ \mathcal{V}$

$\mathcal{W}\ \mathcal{W}$        $\mathcal{W}\ \mathcal{W}$

$x\ x$        $\mathcal{X}\ \mathcal{X}$

$y\ y$        $\mathcal{Y}\ \mathcal{Y}$

$\mathcal{Z}\ \mathcal{Z}$        $\mathcal{Z}\ \mathcal{Z}$

$\&\ \&$        $1\ 1$

$2\ 2$      $3\ 3$      $4\ 4$

$5\ 5$      $6\ 6$      $7\ 7$

$8\ 8$      $9\ 9$      $0\ 0$

# Humanistische Kursive

*Am Abend wird man klug*
*für den vergangnen Tag,*
*doch niemals klug genug*
*für den, der kommen mag.*

Friedrich Rückert

Die humanistische Kursive ist eine italienische Renaissanceschrift, die mit einer Breitfeder geschrieben wird. Ich zeige auch eine Spitzfederversion, die sich (teilweise) verbunden schreiben lässt und damit einen eher handschriftlichen Charakter besitzt.

Mit einer Breitfeder lässt es sich nicht gut gegen den Strich schreiben. Darum werden die Buchstaben aus mehreren Teilstrichen zusammengesetzt. Damit es wie aus einem Guss wirkt, müssen Sie insbesondere die Ansätze an den Übergängen immer wieder üben.

Die Initialen (Seite 43 unten) verleihen besonders der Spitzfeder-Variante ein gewisses Etwas. Ihre Formen gehen auf gebrochene Schriften zurück.

A B C D E F G H I J K

L M N O P Q R S T U V

W X Y Z a b c d e f g h i j

k l m n o p q r s t u v w x y z

ß & 1 2 3 4 5 6 7 8 9 0

a b c d e f g h i j k l m n o p

q r s t u v w x y z ß

A B C D E F G H I J

J K L M N O P Q

R S T U V W X Y Z

*lll*

*iii*

*ccc*

*ooo*

*aaa*

*uuu*

*mmm*

*m m m*

*n n n*

*fff*

| | |
|---|---|
| h h | p p |
| k k | r r |
| b b | i i |
| d d | t t |
| g g | ß ß |
| j j | s s |
| q q | v v |
| y y | w w |
| e e | x x |
| f f | z z |

llll          hkhkhk

eeee          pßpßpß

aaaaa         nnnnn

dgdgdg        mmmm

yyyyyy        uuuuu

ijijij        minus

zzzzz         oooooo

schsch        vwvwvw

fffffff       rrrrr

bbbbbb        ttttt

$\mathcal{B}\ \mathcal{B}$

$\mathcal{D}\ \mathcal{D}$

$\mathcal{A}\ \mathcal{A}$

$\mathcal{E}\ \mathcal{E}$

$\mathcal{S}\ \mathcal{S}$

$\mathcal{H}\ \mathcal{H}$        $\mathcal{K}\ \mathcal{K}$

$\mathcal{V}\ \mathcal{V}$        $\mathcal{W}\ \mathcal{W}$

$\mathcal{C}\ \mathcal{C}$

$\mathcal{G}\ \mathcal{G}$

$\mathcal{O}\ \mathcal{O}$        $\mathcal{Q}\ \mathcal{Q}$

$\mathcal{M} \mathcal{M}$

$\mathcal{N} \mathcal{N}$

$\mathcal{U} \mathcal{U}$        $\mathcal{Y} \mathcal{Y}$

$\mathcal{F} \mathcal{F}$

$\mathcal{T} \mathcal{T}$

$\mathcal{I} \mathcal{I}$        $\mathcal{J} \mathcal{J}$

$\mathcal{P} \mathcal{P}$

$\mathcal{R} \mathcal{R}$

$\mathcal{L} \mathcal{L}$

$\mathcal{Z} \mathcal{Z}$        $\mathcal{X} \mathcal{X}$

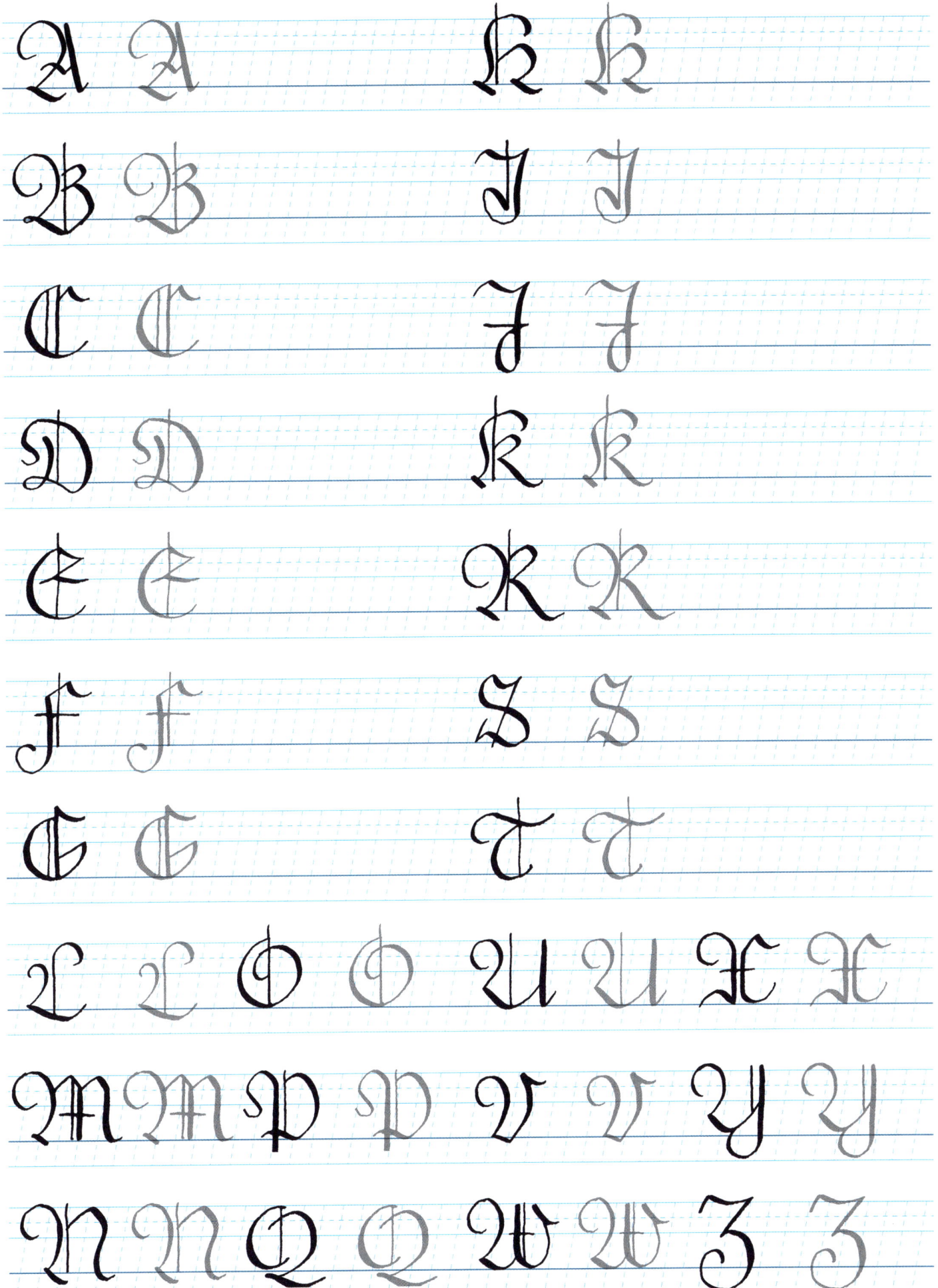

# Schreiben wie die Künstler

*Licht und Schatten muss es geben,*

*soll das Bild vollendet sein;*

*wechseln müssen drum im Leben*

*tiefe Nacht und Sonnenschein.*

Ludwig Uhland

Die Formen dieser Schrift erlauben Ihnen mehr Freiheiten bei der Textgestaltung und besitzen auch etwas mehr Schwung als die eher perfektionistische Anglaise. Ein schönes Schriftbild ergibt sich übrigens, wenn Sie diese Schrift mit einer besonders elastischen Spitzfeder (am besten in einem „schrägen" Federhalter) oder einer 1-mm-Breitfeder schreiben.

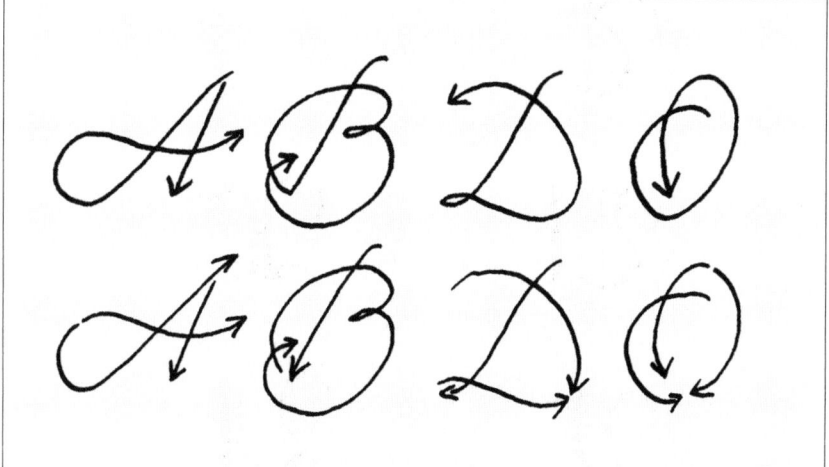

Ob Sie bei der Gestaltung der schwungvollen Versalien auf Richtungswechsel und das Zusammensetzen von Teilstrichen zu scheinbar durchgehenden Linien zurückgreifen, müssen Sie ausprobieren. Wie Sie vorgehen, können Sie je nach Material oder eigenen Schreibgewohnheiten entscheiden.

Verschiedene Federn im Vergleich: eine Stenofeder (oben), die gleiche Stenofeder mit „schrägem" Federhalter (Mitte), und eine 1-mm-Breitfeder (unten).

a b k c d e f g h i j

k l m n o p q r r s t

u v w x y z z ß &

A B C D E F G H

I J K L M N O P

Q R S T U V W X

Y Z 1 2 3 4 5 6 7 8 9 0

aaaa

cece

dddd

gggg

hkhk

lellel

feffo

stssstt

opobo

uuuu

nnnn

mmm

orerror

aßaß

bedibedi

zezezez

22     33     44

55     66     77

88     99     00

B B     H H

D D     K K

E E     V V

A A     W W

S S     X X

C C       F F

G G       T T

O O       I I

Q Q       J J

M M       P P

N N       R R

U U       L L

Y Y       Z Z

# Freestyle mit der Spitzfeder

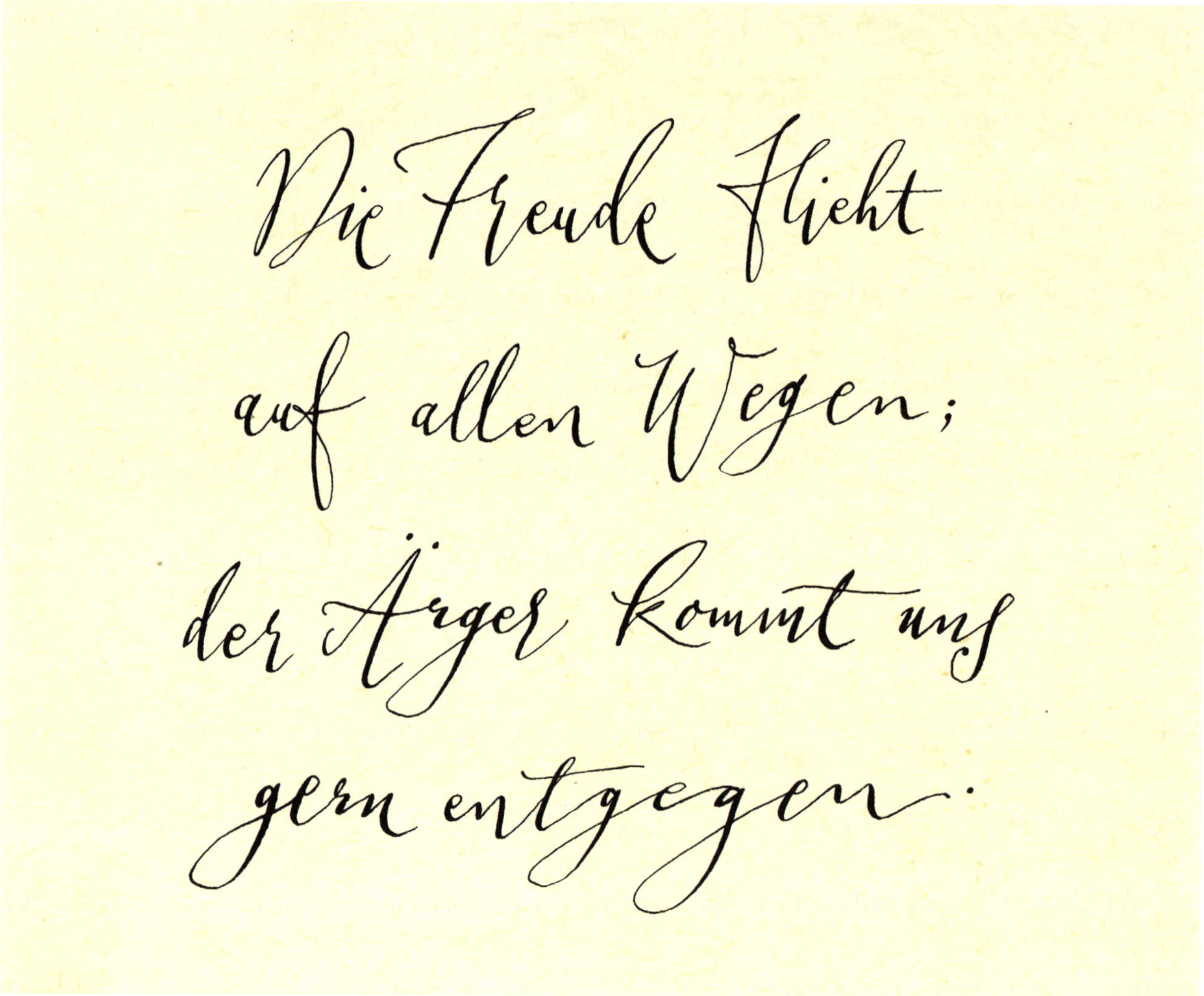

> *Die Freude flieht*
>
> *auf allen Wegen;*
>
> *der Ärger kommt uns*
>
> *gern entgegen.*

Wilhelm Busch

Kein Buchstabe dieser Spitzfeder-Schrift hat eine festgelegte Form, sondern es gibt Varianten innerhalb eines „Stils". Das bedeutet viel Freiheit beim Gestalten eines Schriftbilds, aber auch entsprechende Überlegungen im Voraus – und etwas Übung mit der Spitzfeder.

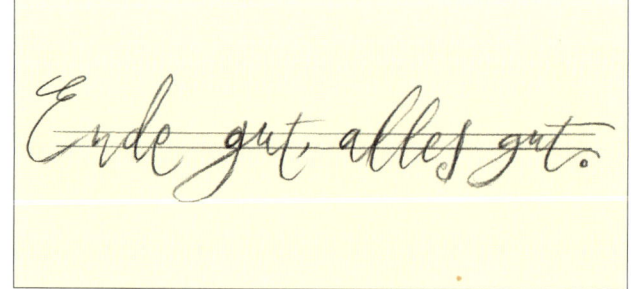

Die Buchstaben können wie Noten in einer Partitur über die Grundlinie tanzen. Verändern Sie spielerisch die Parameter (Versatz von der Grundlinie, Neigungswinkel, Höhe, Breite), bis Sie mit dem Ergebnis zufrieden sind.

Es ist eine gute Idee, das beabsichtigte Ergebnis erst einmal mit einem Bleistift vorzuskizzieren. Zur Orientierung genügen dabei zwei ca. 5 mm voneinander entfernte horizontale Linien.

aa bb b c dd e ef f

g g g h h i i j k k ll

m m n o o p p q q

q r r r s s f t t u u v

Versalien auf Seite 58

w w x x y y z z ß

A B C D E F

G H I J K

L M N O P

Q R S T U

V W X Y Z

58

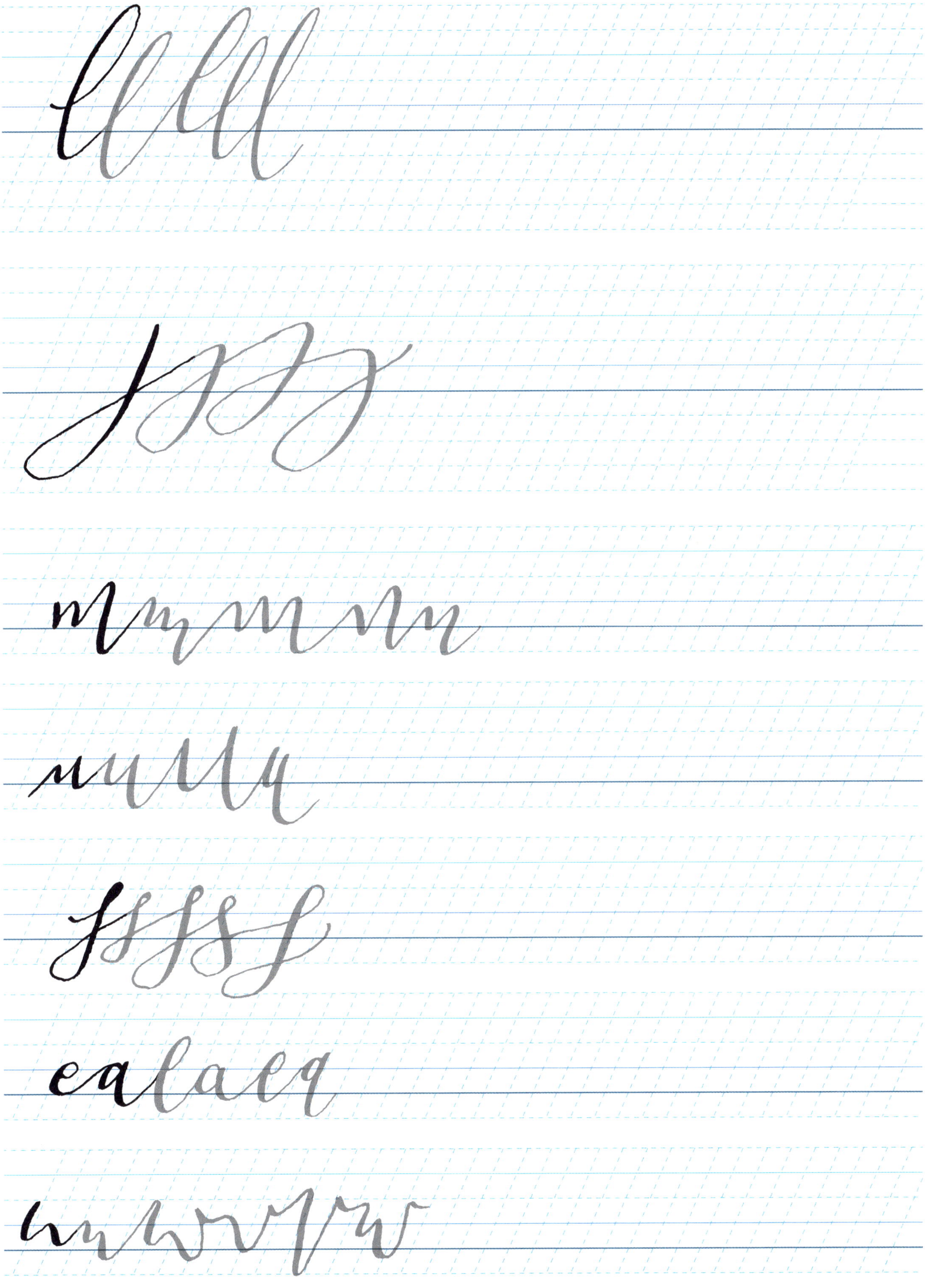

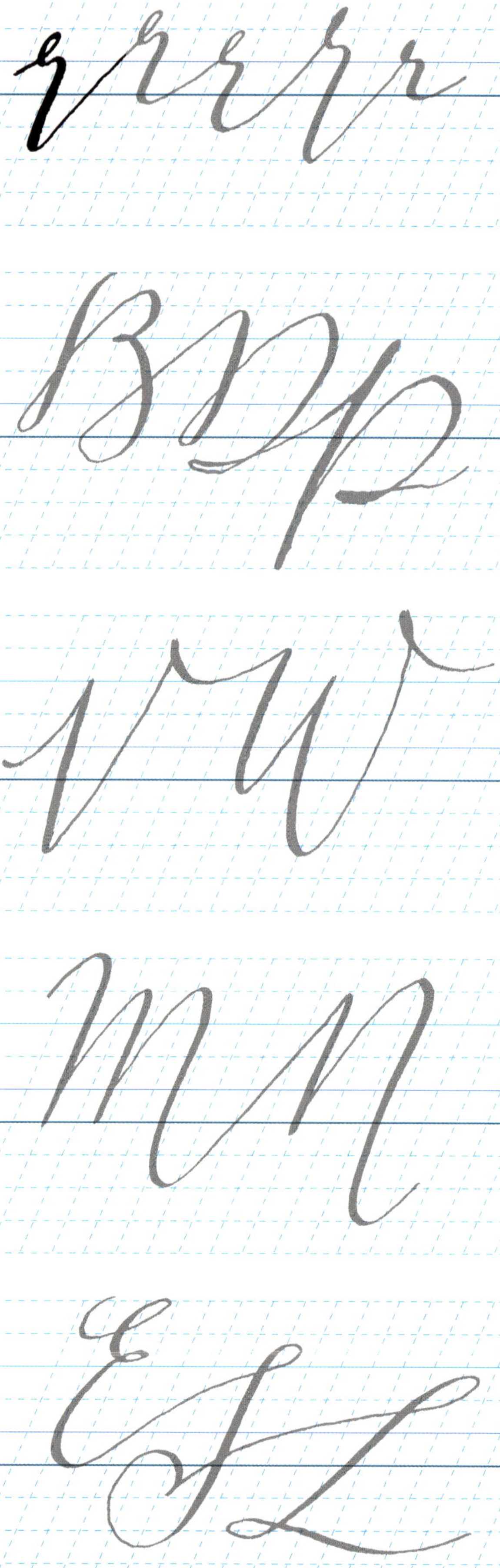

# Einfache Pinselschrift

*Manchem glückt es,*

*überall ein Idyll zu finden;*

*und wenn er's nicht findet,*

*so schafft er's sich.*

Theodor Fontane

Um den Umgang mit dem Pinsel (-stift) zu üben, beginnen Sie mit dieser eher anspruchslosen Pinselschrift. Sie eignet sich mit ihrer plakativen, skizzenhaften Art eher zum Beschriften als für filigrane Glückwunsch- oder Einladungskarten.

*MMM UUU hhhh uuuu uuuu aeae*

Starke Senkrechte und leichtere Verbindungen zwischen den Senkrechten sind – neben den einfachen Buchstabenformen – die Hauptmerkmale der Schrift.

Die einfache Pinselschrift lässt sich sowohl „geblockt" als auch verbunden schreiben.

A B C D E F G H

I J K L M N O P

Q R S T U V W X

Y Z 1 2 3 4 5 6 7 8 9 0

a b c d e f g h i j

k l m n o p q r s

t u v w x y z ß

aa     dd     gg

bb     hh     kk

cc     ee     oo

mm     nn     uu

ii     jj     ff

pp     qq     ßß

ll     tt     zz

rr     ss     xx

vv     ww     yy

H H K K I I

M M N N

J J U U Y Y

E E L L S S

B B P P R R

D D O O Q Q

F F T T A A

C C G G Z Z

V V W W

# Brush Script

*Will das Glück nach einem Sinn*
*dir was Gutes schenken,*
*sage Dank und nimm es hin*
*ohne viel Bedenken.*

Wilhelm Busch

Beim Schlagwort „Brush Lettering" hat fast jeder ein bestimmtes Bild im Kopf. Meist hat es mit dieser oder einer ähnlichen Schrift zu tun. Dabei kommt es vor allem darauf an, die weichen, elastischen und gefälligen Formen zu treffen. Das erfordert mehr Übung, als man denkt.

*bmbm aaaa*
*nunu byby*

*eelbh*
*elbh*

Ein wichtiges Merkmal einer Brush Script ist der Kontrast zwischen den dicken (senkrechten) Abstrichen und den feinen Aufstrichen. Bevor Sie mit einzelnen Buchstaben oder ganzen Wörtern beginnen, sollten Sie diese kontrastierenden Striche wieder und wieder üben, bis Ihr Pinsel (-stift) Ihr bester Freund ist.

Da die Buchstaben relativ dicht beieinander-stehen, muss am Stamm die Richtung des Anstrichs gewechselt werden, damit die Schlaufen groß genug werden. Am Wortan-fang sollten Sie „echte" Schlaufen ziehen.

a b c d e f g h i
j k l m n o p q
r s t u v w x y z
β A B C D E
F G H I J K L
M N O P Q R S
T U V W X Y Z

a a　　　　　g g

b b　　　　　h h

c c　　　　　i i

d d　　　　　j j

e e　　　　　k k

f f　　　　　l l

m m　　　　m m

n n        u u

o o        v v

p p        w w

q q        x x

r r        y y

s s        z z

t t        ß ß

A A  B B

C C  D D

E E

F F  G G

H H  I I

J J  K K

L L

m m     n n

o o     p p

Q Q     R R

S S     T T

u u     v v

w w     x x

y y     z z

# Fette Pinselschrift

*Die Zeit geht nicht,*
*sie stehet still,*
*wir ziehen durch sie hin;*
*sie ist eine Karawanserei,*
*wir sind die Pilger drin.*

Gottfried Keller

Wenn Sie die Brush Script von Seite 66 etwas plakativer und damit fetter gestalten wollen, müssen die Buchstabenformen etwas vereinfacht werden. Fetter werden dabei vor allem die senkrechten Abstriche, die Aufstriche sollten so fein wie möglich bleiben.

Die Senkrechten sind in der Regel genauso dick wie der Raum zwischen ihnen, erst dadurch wirkt die Schrift so wuchtig.

Damit das Schriftbild trotz aller Schwere nicht zu dunkel wird, sind manche Buchstaben mit nur einer fetten Senkrechten ausgestattet.

Gestalten Sie die Schrift noch etwas wuchtiger, sollten Sie die Anzahl der fetten Senkrechten pro Buchstabe reduzieren, sonst kann ein schwer lesbares Schriftbild entstehen.

a b c d e f g h i j

k l m n o p q r s

t u v w x y z ß

0 1 2 3 4 5 6 7 8 9

A B C D E F G H

I J K L M N O P Q

R S T U V W X Y Z

adag

mnmn

befe

oros

ijuy

phqt

klek

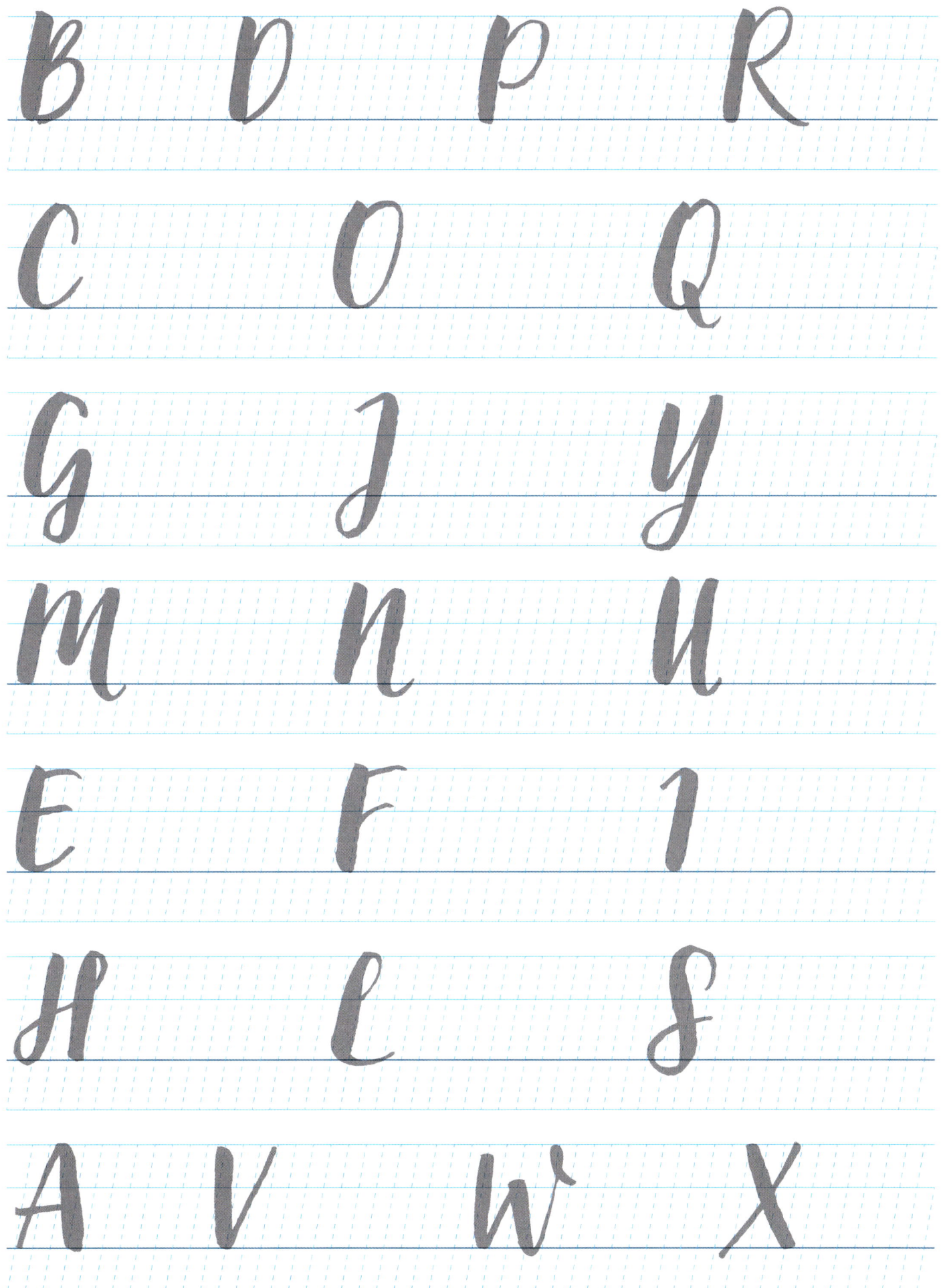

# Freestyle mit dem Pinsel

Christian Morgenstern

Wenn Sie ihren Lieblingspinsel (-stift) so weit beherrschen, dass Sie nicht mehr groß nachdenken müssen, können Sie ihre Ideen mit dieser Schrift ganz nach Belieben ausprobieren. Ansonsten gelten ähnliche „Nicht-Regeln" wie für die Freestyle-Federschrift auf Seite 56.

Diese Schrift besteht eigentlich nur aus unterschiedlichen, schmalen Varianten einer Brush Script, wie Sie sie auf Seite 66 kennengelernt haben. Dadurch lässt sie sich nach Belieben verformen und mit anderen Elementen kombinieren. Besonders ganz einfache, schmale Versalien lassen sich leicht ins Wortbild einfügen.

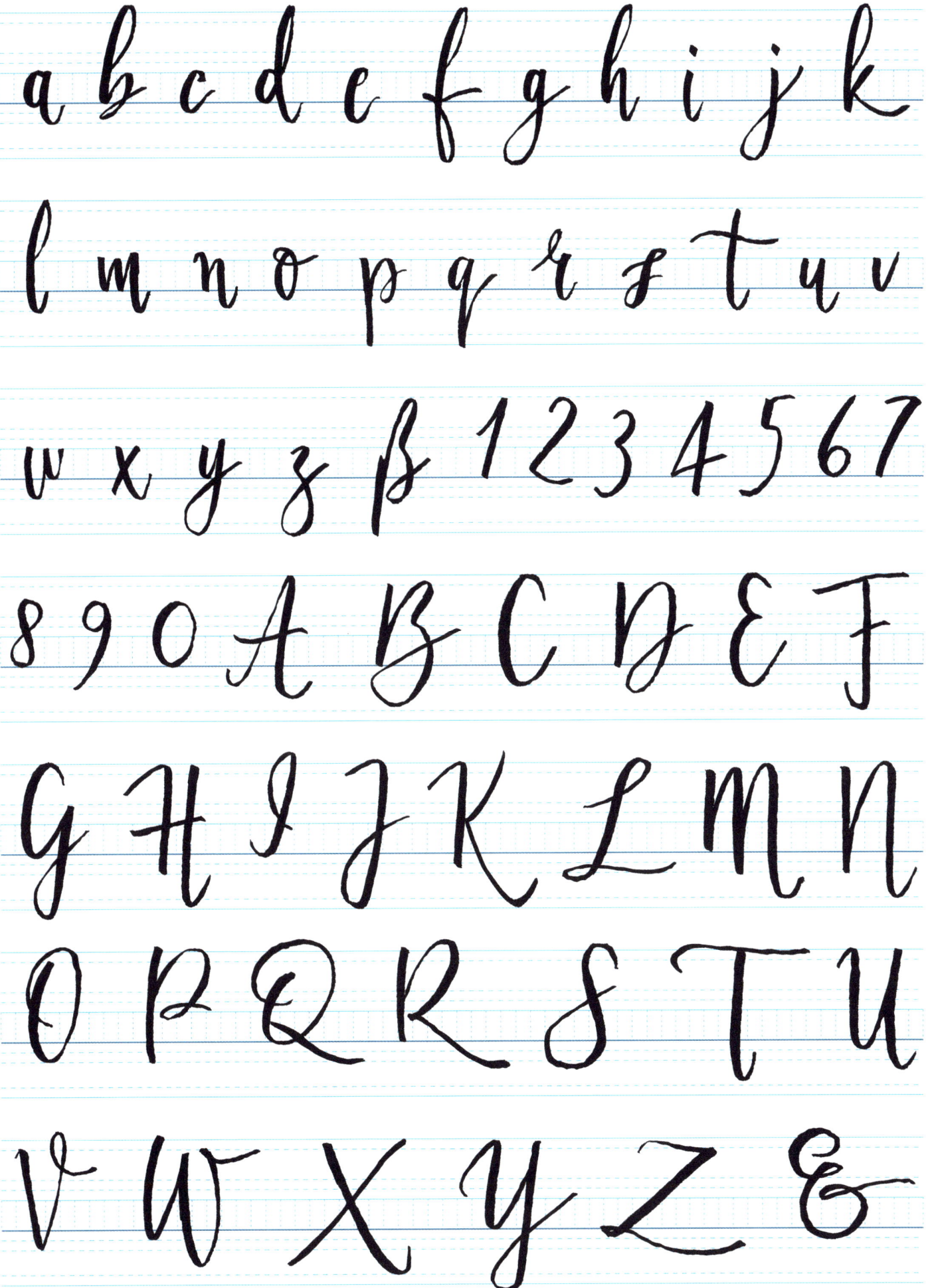

lll        jjj

ee        iiii

cc        uuuu

aaa        mmmm

ddd        nnnn

ggg        mmm

yyy        zzz

*ßßß*       *sss*

*tttt*       *vvv*

*fff*       *www*

*bbb*       *ooo*

*hhh*       *qqq*

*kkk*       *ddd*

*rrr*       *xxx*

B          D          S

G          J          Y

M          N          U

A          L          Z

E          T          F

H          K          X

R          P          Q